# UNIVERSITÉ DE FRANCE.

## FACULTÉ DE DROIT DE STRASBOURG.

# ACTE PUBLIC SUR LA PROPRIÉTÉ;

QUI SERA SOUTENU

A LA FACULTÉ DE DROIT DE STRASBOURG,

*Le Vendredi 22 Août 1828, à 4 heures après midi,*

POUR OBTENIR LE GRADE DE LICENCIÉ EN DROIT,

PAR

## FRANÇOIS-HENRI BUCHHOLTZ,

BACHELIER ÈS-LETTRES ET EN DROIT,

DE WISSEMBOURG (DÉPARTEMENT DU BAS-RHIN).

**STRASBOURG,**
De l'imprimerie de F. G. Levrault, imprimeur de la Faculté de droit.
1828.

# A MON PÈRE

ET

# A MA MÈRE.

*Hommage filial de vénération et de reconnaissance.*

F. H. BUCHHOLTZ.

M. Arnold, Doyen de la Faculté de Droit.

EXAMINATEURS :

MM. Bloechel,
    Rauter,     } Professeurs.
    Arnold,
    Briffault........ Professeur-Suppléant.

*La Faculté n'entend approuver ni désapprouver les opinions particulières au Candidat.*

# DE LA PROPRIÉTÉ.

## CHAPITRE PREMIER.
### *De la nature et de l'origine de la propriété.*

La propriété tire son origine des besoins et des exigences sans cesse renouvelées de la nature humaine, mais elle ne doit son développement et son existence réelle qu'à la réunion de l'homme en société [1]; ce qui dans l'état de nature n'était pour l'individu qu'un simple droit d'occupation, garanti par la seule force corporelle et conséquemment exposé aux chances continuelles de l'agression d'une force supérieure, devient pour lui dans l'ordre social une possession continue et assurée par le lien qui l'unit à ses semblables [2]. En effet, le sauvage qui le premier a planté des poteaux dans la terre ou qui a entrelacé des branches d'arbres pour s'en faire un abri contre l'intempérie des saisons, regarde cet espace du sol, qu'il occupe ainsi, comme sa propriété, tout comme il envisage comme telle les armes grossières qu'il s'est fabriquées pour la chasse ou pour la pêche, et s'il s'en trouve bien, il désire naturellement de les conserver et même de les faire passer à sa famille, quand il ne pourra plus en faire usage lui-même [3]. Réduit à se défendre sans cesse des attaques du dehors, sa raison et le sentiment de sa faiblesse individuelle ont dû lui faire chercher un appui dans la

---

[1] Puffendorf, *Jus nat. et gent.*, liv. 4, chap. 4.
[2] Bynkershœk, *De dom. maris*, chap. 1; Pothier, De la propr., n.° 21.
[3] Portalis, Exp. des motifs.

réunion à ses semblables; de là l'origine des sociétés, qui probablement dans leur enfance n'étaient formées que de familles issues de la même souche, et dont les membres se promettaient aide et assistance mutuelle en cas de besoin. On peut donc dire avec raison que l'idée, ou si l'on veut le principe du droit de propriété est inné à l'homme, qu'il n'est point le résultat d'une convention ou d'une loi positive; mais qu'il sort de la constitution même de son être et de sa position dans l'ordre de la nature[1]; enfin, qu'il est fondé sur la plus impérieuse de toutes les lois, la nécessité[2], qui lui commande l'usage des choses, sans lesquelles il lui serait impossible de subsister; qu'à la vérité ce droit s'est étendu et perfectionné par la raison et l'expérience, et que la loi civile doit en être regardée comme la sauve-garde et la protectrice.[3]

## CHAPITRE II.

### *Des progrès et de la stabilité de la propriété.*

La propriété est de sa nature un objet de progression[4], et si, dans l'enfance des sociétés, elle ne s'appliquait qu'à des choses mobilières, l'augmentation naturelle des hommes sur une étendue de terrain donnée, jointe à la difficulté d'en franchir les bornes sans s'exposer à des démêlés avec les peuplades voisines, devaient bientôt faire sentir le besoin d'augmenter également les moyens de subsistance[5]; peut-être aussi que dans les pays où des plantes, des graines, des fruits spontanément offerts par le sol, contribuaient avec les produits des troupeaux à la nourriture de l'homme, on a

---

1 Puffendorf, *ut sup.*; Portalis, *ut sup.*
2 Barbeyrac, sur Puffendorf, Dev. de l'homme et du cit., l. 1, chap. 12.
3 Montesquieu, Esprit des lois, liv. 26, chap. 15.
4 Portalis, *ut sup.*; Fergusson, *Essay on civ. society*, part. 2, sect. 2.
5 Puffendorf, *ut sup.*

dû observer comment ces végétaux se multipliaient, et dès-lors chercher à les rassembler dans les terrains les plus voisins des habitations, à les séparer des végétaux inutiles et à les mettre à l'abri des animaux sauvages, des troupeaux et même de la rapacité des autres hommes. L'une et l'autre de ces circonstances amenèrent évidemment le premier état de l'agriculture, informe et grossière dans les commencemens, mais qui à son tour fit naître l'idée de la propriété foncière permanente, et produisit peu à peu et progressivement toutes les autres espèces de propriétés et de richesses qui en découlent [1]. C'est ainsi que l'homme qui le premier a défriché ou ensemencé un champ à la sueur de son front, devait naturellement se regarder comme le maître des fruits que son travail y faisait croître, et comme autorisé d'empêcher tout autre de les lui enlever; l'expérience devait bientôt lui apprendre que le premier travail avait été le plus pénible pour lui, que la culture des années subséquentes devenait toujours moins laborieuse et que la nature de sa main libérale récompensait amplement les soins qu'il lui avait donnés, en lui procurant une subsistance aisée et tranquille pour lui et sa famille : il devait donc désirer à voir transformé en possession constante et assurée, transmissible à ses enfans, ce qui dans le principe n'était pour lui qu'un droit de premier occupant. Il faut d'après cela prendre pour constant que le principe de la propriété foncière et de sa transmissibilité par voie de succession doit son origine à une convention soit expresse soit tacite entre les membres des premières sociétés, mais qu'il n'a reçu sa vie et son application réelle que par la loi positive. Aussi le voyons-nous établi dès la plus haute antiquité, et les législateurs de tous les âges et tous les peuples dont l'histoire nous a laissé la mémoire, l'ont constamment consacré comme la pierre fondamentale de l'ordre social et la source principale de la prospérité des États, et si la philosophie spéculative a quel-

---

[1] FERGUSSON, *ut sup.*, part. 1, sect. 1.

quefois paru étonnée que l'homme puisse devenir propriétaire d'une portion de sol qui n'est pas son ouvrage, qui doit durer plus que lui, et qui n'est soumis qu'à des lois que l'homme n'a pas faites[1], cette question, peut-être captieuse, doit être restreinte au domaine de l'école; et l'homme de bien doit désirer qu'elle n'entre jamais dans les discussions sérieuses sur la législation, puisqu'elle tendrait évidemment à la subversion du principe constitutif de la société.

## CHAPITRE III.

### De l'utilité de l'introduction de la propriété permanente et de la division des patrimoines.

Nous avons dit dans le chapitre précédent que c'est la propriété qui a fondé les sociétés humaines, et nous trouvons aisément la confirmation de cette vérité dans les fastes de l'histoire. Partout nous serons forcés de reconnaître, en parcourant les annales des divers peuples, que c'est bien moins en raison du sol qui les nourrit, qu'en raison de la sagesse des maximes qui les gouvernent, qu'ils ont prospéré : nous verrons des contrées immenses, que la nature semble avoir dotées de préférence de toutes ses richesses, condamnées à la stérilité, et portant l'empreinte de la désolation et de la misère, parce que les propriétés n'y sont point assurées; tandis que dans d'autres, qu'elle a traitées avec bien moins de faveur, l'industrie, encouragée par la certitude de jouir de ses propres conquêtes, a su transformer des déserts en champs fertiles, et couvrir d'abondantes moissons des plaines qui, auparavant, ne produisaient que la contagion et la mort. C'est donc évidemment l'introduction du principe de la permanence des propriétés, de la division des patrimoines et de leur transmission par la volonté de

---

[1] ROUSSEAU, Discours sur les causes de l'inégalité parmi les hommes et sur l'origine des sociétés.

l'homme ou l'ordre des successions, qui a vivifié, étendu et agrandi l'espèce ; c'est ce principe qui a donné l'essor à l'industrie de l'homme, et qui produit ces prodiges qui l'ont rendu, pour ainsi dire, le maître de la nature créée. Pour ternir le beau côté du tableau, on a quelquefois cherché à représenter le principe de la propriété des biens et de la division des patrimoines comme la source des inégalités et des injustices qui affligent l'humanité, et on n'a pas craint de nous proposer le sauvage qui erre dans les bois, se nourrissant des animaux ou des fruits que le hasard lui offre dans sa course vagabonde, comme le type de la perfection de notre être, en nous le représentant comme vivant dégagé de toutes les ambitions et des passions haineuses qui, trop souvent, tourmentent l'homme réuni en société; mais on n'a pas vu, ou on n'a pas voulu voir, que le sauvage, loin d'être sage et modéré, n'est qu'indolent; que s'il a peu de désirs, c'est parce qu'il a peu de connaissances, et que c'est son insensibilité même sur l'avenir qui le rend plus cruel et plus terrible, quand il est secoué par l'impulsion et la présence du besoin; que, loin que la division des patrimoines ait pu détruire la justice et la morale, c'est, au contraire, la propriété reconnue et constante par cette division, qui a développé et affermi les premières règles de la morale et de la justice ; que l'inégalité qui existe parmi les hommes est l'ouvrage de la nature même, qui les fait naître inégaux en taille, en force, en industrie et en talens; que le hasard et les événemens mettent encore entre eux des différences, et que ces inégalités entraînent nécessairement celles qu'on rencontre dans la société; qu'enfin, si quelquefois les abus de la richesse et des différences sociales peuvent faire gémir l'homme sensible sur le sort de ses semblables, les vertus, dont Dieu a jeté la semence dans le cœur humain, sont là pour adoucir et compenser les inégalités qui en naissent et qui forment le tableau de la vie.[1]

---

[1] Portalis, Exp. des motifs.

## CHAPITRE IV.

### *De la définition légale de la propriété.*

Si, comme nous avons cherché à le démontrer dans les chapitres précédens, le principe de la propriété, inhérent à la nature de l'homme, existait avant toute réunion sociale, il en résulte que ni le Code civil ni les lois antérieures n'ont pu le créer; mais que leur tâche n'a été autre que de le conserver, d'en définir la nature, et d'en déterminer les caractères[1]. Déjà le législateur romain, en partant du principe : *suæ quisque rei moderator atque arbiter*[2], définissait la propriété *jus utendi et abutendi*, axiome que le Code a reproduit en disant dans son article 544 que « la propriété est le « droit de jouir et de disposer de sa chose de la manière la plus ab- « solue. » Mais les hommes vivent en société et sous des lois qui garantissent la jouissance de leurs propriétés; en s'unissant, ils restent libres, mais ils sont dépendans de la loi; leurs propriétés sont soumises à cette maxime suprême, qui ordonne tout pour le plus grand bien général[3]; ils ne sauraient donc avoir le droit de contrevenir aux lois qui régissent la société. Ainsi le propriétaire d'une chose a le droit d'en user comme il le juge à propos, qu'il la conserve ou qu'il la détruise, qu'il la garde pour lui ou qu'il la donne; il en est le maître absolu : mais en principe on ne doit être libre qu'avec les lois et jamais contre elles; de là la loi, en reconnaissant dans le propriétaire le droit de jouir et de disposer de sa chose de la manière la plus absolue, a cependant dû limiter cette liberté, quand cette modification est commandée par l'intérêt le plus puissant,

---

[1] Favard de Langlade, Répert. de la nouv. législ. civ., comm. et admin.; *verbo* Propriété.
[2] L. 21, *C. mandati.*
[3] Seneca, *De benefic.*, lib. 7, cap. 4 et 5.

qui est le bien général et auquel doit céder l'intérêt particulier.[1] Voilà les motifs de la restriction apportée au droit de propriété défini par l'article 544, lequel, après la définition, ajoute immédiatement : pourvu qu'on n'en fasse pas un usage prohibé par les lois et les réglemens.

## CHAPITRE V.
### *Du pouvoir de l'État sur les biens des particuliers.*

La solution de cette question si délicate, qui d'ailleurs est plutôt du domaine du Droit public, ne sera cependant pas sans intérêt; elle servira de justification à la limitation si importante du droit de propriété, fondé sur le principe que le bien particulier doit fléchir devant le bien général. *Omnia rex imperio possidet, singuli dominio*[2]. Voilà la maxime de tous les pays et de tous les temps. L'empire (*imperium*), consistant dans la puissance de gouverner, ne renferme aucune idée de domaine proprement dit[3]; il n'est que le droit de prescrire et d'ordonner ce qu'il faut pour le bien général, et de diriger en conséquence les choses et les personnes. Ainsi la loi fondamentale ne règle les actions des citoyens qu'autant qu'elles doivent être tournées vers l'ordre public; elle ne donne à l'État, sur leurs biens, que le droit d'en régler l'usage par des lois civiles, le pouvoir d'en disposer pour des objets d'utilité publique, et la faculté de lever des impôts sur ces mêmes biens. Ces différens droits font l'objet du droit public de tous les peuples policés; leur réunion forme ce que Grotius, Puffendorf et autres appellent le domaine éminent du souverain[4]; mots dont le véri-

---

[1] Faure, Rapp. au trib.
[2] Seneca, *De benef.*, cap. 5.
[3] Wolf, *Jus nat.*, pars 1, §. 103.
[4] Hugo Grotius, *De jure belli et pacis*, lib. 1, cap. 1; lib. 2, cap. 14; lib. 3, cap. 20. Puffndorf, *Jus nat. et gent.*, lib. 8, cap. 5.

table sens ne suppose aucun droit de propriété et n'est relatif qu'à des prérogatives inséparables de la puissance publique. Le droit essentiel de tout peuple civilisé, est la libre et tranquille jouissance de biens que l'on possède : ce qui importe le plus à tout homme vivant en société, c'est qu'il puisse jouir de sa propriété sans trouble ; qu'il n'ait à craindre à chaque instant les atteintes d'un agresseur injuste et cruel ; que, par le sacrifice de son indépendance, il puisse passer tranquillement ses jours, assuré que les fruits de ses travaux et de son industrie lui appartiennent à lui seul ; et que ses propriétés lui sont garanties, comme sa liberté individuelle, par ces lois fondamentales [1]. Aussi de tout temps on a tenu pour maxime, que les domaines des particuliers sont des propriétés qui doivent être respectées par le souverain lui-même, et c'est d'après cette maxime que notre loi fondamentale déclare les propriétés inviolables comme les personnes, sans aucune exception [2], si ce n'est pour cause d'utilité publique [3] ; parce que, dans l'intention raisonnablement présumée de ceux qui vivent dans une société civile, il est certain que chacun s'est engagé tacitement à rendre possible, par quelque sacrifice personnel, ce qui est utile à tous, et qu'ainsi la loi en ceci n'a porté aucune atteinte au droit de propriété, qu'elle protège et garantit. Aussi, si la loi, par les articles 545 du Code et 10 de la Charte, a apporté cette modification bien sensible au droit de propriété, et si elle ôte en quelque sorte au propriétaire le grand privilége que celui-ci tient de la loi naturelle et civile de ne pouvoir être forcé d'aliéner son bien, en donnant à l'État le droit de contraindre un citoyen à lui céder son héritage, elle n'a néanmoins pas voulu que ces articles deviennent une source d'injustices. C'est pourquoi elle ordonne que cette

---

[1] Bœhmer, *Introductio in jur. publ.*
[2] Art. 9 de la Charte.
[3] Art. 10 de la Charte, et 545 du Cod. civ.

expropriation ne pourra avoir lieu que moyennant une juste et préalable indemnité, et cela par le motif bien légitime, que les charges de l'État doivent être supportées avec égalité et dans une juste proportion, et que toute égalité, toute proportion seraient détruites, si un seul ou quelques-uns pouvaient jamais être soumis à faire des sacrifices auxquels les autres ne contribueraient pas. Les dispositions de la loi, dans ces cas, sont de rigueur; elles sont un hommage rendu au droit sacré de la propriété, qui constamment, hors le cas d'utilité publique, doit être d'autant plus scrupuleusement respectée, qu'y porter atteinte serait non-seulement troubler, mais même ébranler la société dont il est le fondement.

## CHAPITRE VI.

### *De l'étendue et des limites du droit de propriété.*

Le législateur, après avoir défini le droit de propriété, s'est occupé à en déterminer l'étendue et les limites, en adoptant la maxime reconnue par toutes les nations policées, que la propriété d'une chose, soit mobilière, soit immobilière, s'étend sur tout ce que cette chose produit ou sur tout ce qui s'y unit; maxime qu'il a convertie en disposition de loi par l'article 546 du Code. Ce droit s'appelle droit d'accession et se divise en deux espèces, l'une naturelle, l'autre artificielle. Le Code, n'étant pas destiné à être un livre de doctrine, et ne devant en conséquence renfermer que des règles utiles pour la vie civile, s'est borné aux moindres distinctions possibles. Ainsi on n'y trouve pas une troisième espèce d'accession que les docteurs appellent mixte, laquelle a lieu lorsque la nature et l'art se réunissent pour incorporer une chose à une autre, comme dans la plantation des arbres, lesquels, quoiqu'unis à la terre par la main de l'homme, n'y sont incorporés véritablement que lorsque la nature a fait pousser les racines; d'ailleurs il est facile de voir que cette troisième espèce rentre dans les deux autres. De même les docteurs subdivisent l'accession artificielle en trois espèces particulières : l'adjonction, la spécification et la commixtion ou le mélange comprenant la confusion. Le Code ne parle pas de ces subdivisions, mais aussi il ne semble pas les rejeter, et il paraît plutôt par la raison ci-dessus indiquée les avoir tacitement adoptées. Il serait inutile de suivre notre législation dans le détail des règles qu'elle établit sur les diverses espèces de l'accession, et nous croyons devoir nous borner à faire observer que ces règles, étant presque toutes puisées dans le Droit romain, fruit de l'expérience d'une longue suite de siècles, sont tellement conformes à la raison et à l'équité, qu'elles peuvent servir de guide infaillible au juge pour déterminer son opinion dans les cas les plus compliqués et les plus variés. Nous trouvons ces règles, quant au droit d'accession relativement aux choses immobilières, dans les articles 552 à 562, et quant au même droit relativement aux choses mobilières, dans les articles 565 à 577. Après avoir examiné à quelles choses s'étend la propriété en vertu du droit d'accession, voyons quelles en sont les limites entre les différens héritages contigus. On les fixe par la clôture ou par des bornes; mais il y a sur les confins des choses mitoyennes, sur la propriété desquelles le Code donne des règles dans le titre concernant les servitudes, et c'est aussi là qu'il traite toute cette matière; nous ne pourrons donc qu'y renvoyer, quoique ce droit soit une conséquence du droit de propriété, qui autorise à user des choses d'une manière absolue, et qui consiste principalement dans le droit d'exclusion.

## CHAPITRE VII.
### Des différentes manières d'acquérir la propriété.

Nous avons dit dans le chapitre sur la nature et l'origine du droit de propriété, que ce droit était la base et comme la pierre angulaire de l'édifice social. Il s'ensuit comme conséquence nécessaire, que presque toutes nos lois ont pour but de développer les principes sur l'exercice de ce droit[1]; dès-lors il ne peut en être traité spécialement ici, parce qu'il faudrait parcourir tous les articles contenus dans le second et le troisième livre du Code. Nous ne ferons donc qu'indiquer pour ainsi dire les différentes manières d'acquérir établies par le Code, et qui ne sont que les actes ou les faits qui donnent à une personne la propriété d'une chose ou un droit réel sur la chose. On les distingue différemment : les unes sont originaires ou primitives, et ont pour fondement le Droit naturel où le Droit des gens ; les autres sont dérivées et découlent de la loi civile. Les premières servent à acquérir la propriéte d'une chose qui n'était encore à personne, tandis que les secondes font passer d'une personne à une autre la propriété déjà établie. Les principales manières d'acquérir originaires sont : l'occupation, l'accession et la tradition. L'occupation est l'acte par lequel on devient propriétaire d'une chose particulière qui n'appartient à personne, par cela seul qu'on s'en empare le premier avec le dessein de l'acquérir ; de là, quand même le Code ne parle pas de cette manière d'acquérir, elle exige, pour être conforme à la loi, de certaines qualités dans les choses pour qu'elles puissent en devenir l'objet : ainsi elles ne frappent que sur une chose particulière. Il y a en effet encore des choses qui ne sont point entrées dans le partage que les hommes ont fait entre eux de la terre et de la plupart des choses qui se trouvent sur sa surface. Ces choses demeurent encore aujourd'hui dans cet ancien état de communauté négative, et il n'existe certainement personne qui puisse prétendre un droit de propriété sur ces objets ; mais chacun peut en jouir, en se conformant toutefois aux réglemens que chaque peuple a le droit de faire à ce sujet pour sa sûreté et sa tranquillité intérieure. Ces

---

[1] FAVARD DE LANGLADE, Répert., *ut sup.*

choses sont celles que les jurisconsultes appellent *res communes;* on y place ordinairement l'air, l'eau, la mer et les rivages de la mer[1]. Tous ces objets, n'étant pas dans le commerce et ne pouvant par leur essence appartenir à personne, ne sauraient aucunement devenir la propriété de qui que ce soit. L'accession est le mode d'acquisition d'une chose qui n'est qu'accessoire à la chose principale à laquelle elle s'est unie, *propterea quod rei nostra accedit.* Elle est le plus souvent originaire, mais parfois aussi dérivée; les règles y relatives se trouvent expliquées dans le chapitre précédent. La tradition est la remise que fait le propriétaire de la possession de sa chose avec l'intention d'en transférer la propriété; elle est le seul moyen d'acquérir dérivé dans le Droit naturel. Les principales manières d'acquérir, dérivées ou résultant de la loi civile, sont : les successions, les donations, les obligations et les prescriptions; elles forment l'objet du troisième livre de notre Code, et l'absorbent presque entièrement; nous ne pouvons donc qu'effleurer pour ainsi dire cette matière. Il y a deux espèces de successions, l'une *ab intestat,* déférée par la loi; l'autre testamentaire, conférée par la volonté du mourant. La succession *ab intestat* puise ses fondemens dans ce qu'il serait également contraire et à l'inclination et au repos général des hommes, que les biens que souvent un individu a acquis avec tant de peine, fussent regardés comme sans maître après sa mort et laissés en proie au premier occupant, et en effet l'organisation sociale resterait imparfaite, si ce moyen de transmettre les propriétés de la génération présente à la génération future n'existait pas[2]. Quant aux successions testamentaires et aux donations, la loi, tout en reconnaissant le principe que l'homme est le maître de sa fortune, et qu'il peut en disposer pour le temps où il aura cessé d'exister, n'a fait que régler l'exercice de cette volonté

---

[1] Pothier, *ut sup.*, n.° 21; art. 714, Cod. civ.
[2] Barbeyrac sur Puffendorf, *ut sup.*

pour la contenir dans des bornes raisonnables, et empêcher l'homme à méconnaître les devoirs qu'il a à remplir envers ceux dont il a reçu la vie ou envers ceux auxquels il l'a donnée [1]. La troisième manière d'acquérir dont parle le Code, sont les conventions. Leur usage est une suite naturelle de l'ordre civil et des liaisons que Dieu a formées entre les hommes; de là, les obligations conventionnelles se répètent chaque jour et presque à chaque instant.

Le mot *convention* est un terme général, qui comprend non seulement les contrats et traités de toute nature, mais encore tous les autres actes particuliers qu'on peut ajouter à un contrat [2]. Cette matière est trop vaste pour que nous puissions en suivre le détail, et nous observerons seulement que le Code, dans les dispositions qu'il établit à cet égard, s'est conformé aux principes qui sont dans la raison et dans le cœur de tous les hommes, et qu'il a principalement suivi le Droit romain [3]. La quatrième et dernière manière d'acquérir la propriété, enfin, dont fait mention le Code, est la prescription, qu'il définit, article 2219, comme « un moyen d'ac-« quérir ou de se libérer par un certain laps de temps et sous les « conditions déterminées par la loi », en quoi il suit les idées des jurisconsultes romains, selon lesquels la prescription est : *modus acquirendi jus quoddam ex lapsu temporis* [4]. En l'envisageant sous le premier point de vue, il semble que l'équité doive s'alarmer à l'idée seule d'un pareil bénéfice de la loi, et que la justice devrait repousser celui qui, par le seul fait de la possession et sans le consentement du propriétaire, prétend se mettre à sa place. Cependant, en considérant la chose sous le rapport de la paix et du repos général, on n'hésitera pas de la reconnaître comme

---

[1] Bigot-Préameneu, Exp. des motifs.
[2] Domat, Lois civ., part. 11, liv. 1.$^{er}$
[3] Bigot-Préameneu, *ut sup.*
[4] Heineccius, *Elementa jur. civ. secund. ord. Inst. h. t.*

une des institutions les plus nécessaires et les plus utiles à l'ordre social, et loin de la regarder comme un écueil où la justice soit forcée d'échouer, on aimera à n'y voir qu'une sauve-garde nécessaire au droit de propriété[1]. Les bornes qui nous sont prescrites ne nous permettent pas de suivre le détail de la matière qui ne fait pas proprement partie du sujet que nous avons à traiter.

## CHAPITRE VIII.
*Des différentes manières dont se perd la propriété.*

Le Code civil et la Charte, en déclarant la propriété de tout Français inviolable, ont sans doute pris pour point de départ la salutaire maxime du Droit romain : *Id quod nostrum est, sine facto nostro ad alium transferri non potest*[2] ; aussi le lien de la propriété, quoiqu'il attache les biens à l'homme, n'attache pas l'homme aux biens. Maître de ses droits, il peut disposer des choses qui lui appartiennent de la manière la plus absolue : il peut donc transférer son droit à un autre. C'est proprement ce qu'on appelle aliéner ; et en aliénant il perd son droit. Néanmoins, pour perdre la propriété il n'est pas nécessaire de la transférer à un autre : il suffit d'abandonner la possession de la chose dont on veut abdiquer la propriété.[3] Observons cependant que les biens étant entre les mains du propriétaire, qui est garant des engagemens qu'il contracte, des fautes, des imprudences ou négligences qu'il commet, celui-ci peut en être dépouillé par l'autorité de la justice, pour remplir ses engagemens ou pour réparer ses fautes. La perte de la propriété peut aussi arriver par suite d'un crime, d'un délit ou d'une contravention, lorsque la chose qui en fait l'objet, qui en est le produit, qui a servi ou qui

---

[1] Bigot-Préameneu, *ut sup.*
[2] L. 11, *ff. de reg. jur.*
[3] Favard de Langlade, *ut sup.*; Merlin, Répertoire univers., *verbo* Propriété.

a été destinée à le commettre, est soumise à la confiscation [1]. Dans tous les cas que nous avons vus, c'est ou par sa volonté ou par l'autorité de la justice que le propriétaire perd sa propriété : ce sont ou des conventions ou des jugemens intervenus contre lui qui la transfèrent à un autre. Mais il y a des cas où la perte de la propriété est encourue de plein droit par la seule disposition de la loi, qui la transfère immédiatement à une autre personne, sans l'intervention, soit de la volonté du propriétaire, soit des tribunaux, telles que la révocation des donations pour survenance d'enfans, la mort civile, etc. Le propriétaire peut encore se trouver dépossédé de sa propriété par l'invasion des ennemis ou par accident de force majeure ; car l'invasion ou la conquête rompt le lien social et détruit le principe de la propriété; l'état civil est en suspens, et on rentre dans l'état de nature : les accidens de force majeure, comme les incendies, les inondations détruisent la propriété même ; enfin, la perte de la possession qui fait naître contre nous l'exception de la prescription, nous enlève notre propriété en faveur de celui qui prescrit contre nous. En résumé on peut dire que la propriété se perd de cinq manières differentes : 1.° par le fait immédiat du propriétaire; 2.° par suite de son fait ou par l'autorité de la justice; 3.° par la disposition de la loi; 4.° par l'invasion des ennemis ou par accident de force majeure, et 5.° par la perte de la possession.

## CHAPITRE IX.

### De la propriété littéraire. [2]

Quoique le Code ne parle pas explicitement de cette espèce de propriété, nous avons cependant cru devoir en dire un mot, parce

---

[1] Toullier, Droit franç.
[2] Favard de Langlade, verbo Propriété.

qu'aujourd'hui elle est formellement consacrée par notre législation, et qu'elle en forme même une des matières importantes. Déjà anciennement, et dès les premiers temps de l'invention de l'imprimerie, aucun ouvrage ne pouvait être publié par la voie de l'impression et du commerce, avant d'en avoir obtenu la permission que l'autorité souveraine accordait sous le nom de *privilége*, soit à l'auteur, à perpétuité, si celui-ci voulait faire imprimer et débiter son ouvrage pour son propre compte, soit à l'imprimeur ou au libraire avec lequel il avait traité, pour un temps et même souvent pour un nombre d'exemplaires déterminé. Différentes lois, telles que l'ordonnance de Moulins, la déclaration du 16 Avril 1571, les lettres patentes du 12 Octobre 1586, deux déclarations de 1626 et 1627, les ordonnances du mois de Janvier 1629 et du 29 Novembre 1643, l'édit du mois d'Août 1686, les lettres patentes du 2 Octobre 1701, la déclaration du 12 Mai 1717, et enfin le réglement du 28 Février 1723, ont fait défense à toutes sortes de personnes d'imprimer, vendre ou débiter aucun livre sans privilége scellé du grand sceau, sous peine d'amende, de confiscation, etc. Toutes ces dispositions avaient été introduites autant dans l'intérêt général de la société, pour empêcher la publication d'ouvrages pernicieux, que dans celui des auteurs, ou des imprimeurs et libraires auxquels ils pouvaient avoir cédé leur droit. Enfin, deux arrêts rendus par le Roi en son conseil, le 30 Août 1777, ont fixé le dernier état de la législation ancienne sur ce point. La législation intermédiaire a reconnu d'une manière plus formelle le droit de propriété littéraire par les lois des 13 Janvier et 19 Juillet 1791, lesquelles à la vérité ne concernaient proprement que les ouvrages dramatiques, et par celle du 19 Juillet 1793. Ces lois sont encore en vigueur, sauf quelques modifications apportées par le décret du 5 Février 1810, qui forme le complément de la législation actuellement existante sur la matière. D'après ces lois, tous les ouvrages, et en général toutes les productions de l'esprit et du génie, comme peintures, dessins, gravures, compositions musicales, etc., sont déclarées la propriété de leurs auteurs; et si la loi du 19 Juillet 1793 n'a assuré cette propriété qu'à l'auteur seul pendant sa vie, et à ses héritiers ou cessionnaires durant l'espace de dix ans après sa mort, le décret du 5 Février 1810 l'a étendu aussi à sa veuve, si les conventions matrimoniales de celle-ci lui en donnent le droit, et a prolongé le privilége pendant vingt ans en faveur des enfans, en faisant participer à ce droit les auteurs étrangers, et en accordant aux uns et aux autres la faculté de céder leurs droits à un imprimeur ou libraire, ou à toute autre personne, qui en ce cas est substituée aux lieu et place de l'auteur et ses ayant cause. Une loi postérieure, du 21 Octobre 1814, relative à la liberté de la presse, a établi divers principes, mais qui regardent plutôt la publication des ouvrages et la police de la presse, sans faire mention expressément de la propriété des auteurs; cependant l'ordonnance du Roi, donnée quelques jours après, le 24 Octobre, sur l'exécution de cette loi, rappelle formellement le principe de la propriété, en disposant dans son article 9 que le récépissé qui sera délivré à l'auteur du dépôt de son ouvrage formera son titre de propriété, conformément aux dispositions de la loi du 19 Juillet 1793. On pourrait croire d'après cela que la propriété des héritiers de l'auteur se trouve de nouveau restreinte par cette ordonnance à la durée primitive de dix ans, fixée par la loi de 1793; néanmoins, comme le décret du 5 Février 1810 a formellement dérogé en cela à la loi antérieure, il faut tenir pour constant que les dispositions de ce décret, quant à la durée, restent en vigueur, et que l'ordonnance royale de 1814 n'a entendu rappeler que le principe de la propriété.

# THESES EX JURE JUSTINIANEO.

## *De possessione.*

### I.
Possessio est detentio seu custodia rei cum animo eam detinendi.

### II.
Dominium rerum ex naturali possessione cœpit.

### III.
Apiscimur possessionem non solum per nosmet ipsos, sed etiam per procuratorem, tutorem, curatoremve possessio nobis acquiritur.

### IV.
Si jusserim venditorem procuratori rem tradere, cum ea in presentia sit, habetur mihi tradita.

### V.
Si vicinum mihi fundum mercor, venditor in mea turre demonstret vacuamque se possessionem tradere dicat, non minus possidere cœpi, quam si pedem finibus intulissem.

### VI.
Apiscimur possessionem corpore et animo; neque per se animo, aut per se corpore.

### VII.
Incertam partem rei possidere nemo potest.

### VIII.
In amittenda quoque possessione, affectio ejus qui possidet, intuenda est.

### IX.

Licet possessio nudo animo acquiri non possit, tamen solo animo retineri potest.

### X.

Causam possessionis nemo sibi mutare potest.

### XI.

Potest dividi possessionis genus in duas species, ut possideatur aut bona fide, aut non bona fide.

### XII.

Clam nanciscitur possessionem, qui futuram controversiam metuens, ignorante eo quem metuit, furtive possessionem ingreditur.

### XIII.

Aliud est possidere longe, aliud in possessione esse.

### XIV.

Nihil commune habet proprietas cum possessione, nec possessio et proprietas misceri debent.

### XV.

Cum quis utitur adminiculo ex persona auctoris, uti debet cum sua causa suisque vitiis.

### XVI.

Non ea tantum possessio testatoris heredi procedit, quæ morti fuit injuncta; verum ea quoque quæ unquam testatoris fuit.

### XVII.

Si quis vi de possessione dejectus sit, perinde haberi debet, ac si possideret.

### XVIII.

Qui universas ædes possidet, singulas res quæ in ædificio sunt, non videtur possedisse.

## XIX.

Possessio non tantum corporis sed et juris est.

## XX.

Nemo ambigit possessionis duplicem esse rationem, aliam quæ jure consistit, aliam quæ corpore; utramque autem ita demum esse legitimam, cum omnium adversariorum silentio et taciturnitate firmatur.

FINIS.

www.ingramcontent.com/pod-product-compliance
Lightning Source LLC
Chambersburg PA
CBHW070528050426
42451CB00013B/2908